AF359403

RECIT VERITABLE,

DE CE QVI S'EST

passé en la Ville & College
de la Fleche, à la reception
du Cœur de la defuncte
Reine Marie de Medicis,
Mere du Roy.

M. DC. XLIII.

RECIT VERITABLE, DE CE
qui s'est passé en la Ville & College de la Fleche,
à la reception du Cœur de la defuncte Reine
Marie de Medicis, Mere du Roy.

LA celebrité de la reception du Cœur de la
defuncte Reine Marie de Medicis de glo-
rieuse memoire, Mere du Roy, en la Ville
& College de la Fleche, estant vn subject
riche & glorieux, meritoit bien d'estre mise en veüe
du public par quelque beau discours d'vn esprit
choisi, comme il y en a grand nombre en la Compagnie des Iesuites. Mais il y a apparence, que ces bons
Religieux, qui n'ont pas accoustumé d'estre chi-
ches en semblables occasions, & ont tousiours tes-
moigné de tres-genereux ressentimens vers la memoire du feu Roy Henry le Grand leur singulier
bien-faicteur, & la bonté de sa Majesté à present regnant, voians que la serenité & splendeur
de ceste ceremonie auoit esté troublée par quelques
sinistres accidens, & ne iugeans pas chose assez digne
de la representer comme à demy & en pourfil, ainsi
que la ternissure des troubles y interuenus eust semblé obliger, ont mieux aimé laisser pour le present ce
tableau en attente, que de se hazarder de le peindre

A

d'vne main tremblante d'affliction, qui volontiers luy euft donné plus d'ombre que d'efclat.

Mais, eftant arriué que quelques-vns, qui ne leur veulent pas du bien, ont faict courrir à Paris & en plufieurs autres endroicts certaine forme de procés verbal, contenant des faicts autant preiudiciables à leur honneur, comme ils font contraires à la verité, aufquels ces femeurs de nouuelles en adiouftent encores tous les iours de nouueaux par leurs rapports calomnieux, à proportion que la paffion efchauffe leur imagination ; aians bonne cognoiffance de tout ce qui s'eft paffé en ceft affaire, nous auons iugé eftre obligez de parer au fcandale qu'on veut ietter mal à propos fur cette religieufe Compagnie, par vn narré fimple & naïf de la verité ; fçachans combien l'Eglife & la Religion font intereffées en la conferuation de la bonne eftime que les Religieux d'icelle fe font acquis par leur zele & vertueux trauaux. Ce narré pourra fembler venir vn peu tard, attendu la preuention des efprits : mais n'aians eu deffein d'efcrire finon en tant que nous y ferions forcez par la neceffité de iuftifier les innocens, & conferuer entiere l'edification qu'ils rendent à toute l'Eglife, nous n'auons peu prendre refolution de ce faire, que le temps ne nous euft faict paroiftre les dommages que leur innocence receuoit par le progrez des calomnies. Nous n'entendons icy forcer perfonne de croire ce que nous dirons : mais nous efperons que la face naïue de la verité fe fera aifément recognoiftre aux efprits raifonnables, & fe conferuera

en son credit pour le maintien de l'innocence : outre que, dissipant les desguisemens artificieux de la
calomnie , nous nous promettons de donner quelque satisfaction aux indifferés & curieux , qui n'aians
ny interest ny passion en l'affaire dont il s'agist, cher-
chent simplement à se contenter de la cognoissance
de la verité. En voicy donc l'histoire.

Le decés de la defuncte Reine Mere estant co-
gnu & publié en France, les Peres Iesuites remon-
trérent tres-humblement au Roy , que Henry le
Grand, son tres-honoré pere d'heureuse memoire,
auoit declaré par l'Edit de l'establissement de son
College Royal de la Fleche en Aniou , *qu'il choisissoit l'Eglise dudit College, pour estre le domicile de son
Cœur , & celuy de sa tres-chere espouze, apres leurs decés;
& qu'auenant son decés, & celuy de la Reine son espouse,
ceux dudit College de la Fleche, & des autres Maisons
& Colleges de leur Compagnie plus proches du lieu de
leurs decés, viendroient prendre leurs Cœurs , pour les
transporter en l'Eglise dudit College de la Fleche destinée
à cét effet :* & supplierent sa Maiesté, de les fauoriser
du Cœur de la defuncte Reine sa tres-honorée
Mere. Le Roy aiant leu l'article de la Declaration
susdite, leur accorda leur requeste, & par vn excés
de bonté Royale leur promit d'abondant son pro-
pre Cœur , pour estre mis apres la mort en leur
Eglise de sainct Louis à Paris , de laquelle il est
fondateur. Et en execution de ce Monsieur de
Chauigny fit escrire aux Religieux de l'Abbaie de
S. Denis en France, qu'ils eussent à liurer le Cœur

de la Reine Mere à Monseigneur l'Euesque de
Meaux premier Aumosnier de sa Maiesté, duquel
lesdits Peres Iesuites le receuroient, & qu'autres que
eux ne feroient cômis pour le conduire iusques audit
lieu de la Fleche : de laquelle commission Monsieur
le Marquis de la Varenne Gouuerneur de ladite
Ville de la Fleche, qui estoit pour lors à Paris , aduertit par lettres expresses Monsieur le Maire de la
Ville , à ce qu'il sceust de qui il deuoit attendre les
ordres pour la reception. Ce fut le vingt-huictiesme
de Mars 1643. que le coffre, qui contient le corps de
ladite Reine, fut ouuert, & le Cœur tiré, & mis entre
les mains du R. Pere Louis le Mairat, Superieur de
la Maison professe de S. Louis à Paris : qui le trans-
porta incontinent en ladite Maison, & le fit reposer en la Sacristie de leur Eglise.

Quelque temps apres ledit Pere le Mairat donna
aduis au Pere Recteur du College Royal de la Fleche, qu'il choisissoit le douziesme d'Auril Dimanche
de *Quasimodo* , pour entrer dans la Fleche auec ce
pretieux gage : dont ledit Recteur aduertit incontinent Messieurs du Siege Presidial & de la Maison
de Ville, qui auoient dessein de cooperer à l'honneur
du Conuoy, comme effectiuement ils s'en sont ac-
quités auec beaucoup de soin & d'afection.   Or,
comme il arriue pour l'ordinaire quelques differens
en semblables ceremonies ,la premiere difficulté par
entr'eux fut pour les rangs que chascun tiendroit
en la Procession de ce Conuoy ; Messieurs de la
Maison de Ville pretédans aller à costé de Messieurs

du Presidial, ainsi qu'il se pratique en la procession du Sacre d'Angers. Ce que Messieurs du Presidial ne voulans permettre, il fut resolu, que le Pere Recteur du College seroit prié de quitter le dessein de faire porter le poësle qu'il auoit preparé, par de ieunes Seigneurs des plus Illustres Maisons de France, & de laisser cet honneur à Messieurs les Maire & Escheuins; à quoy il s'accorda volontiers, pour les entretenir en paix.

Vne autre proposition fut, que le Cœur reposast en l'Eglise de sainct Thomas, deuant qu'entrer en celle du College. A laquelle proposition ledit Recteur a tousiours respondu, que la chose dépendoit purement des ordres que les Peres de Paris auroient reçeus du Roy, puisque sa Maiesté auoit pris le soin d'ordonner que le corps ne reposast en aucune Eglise depuis Cologne iusques à l'Abbaie de Saint Denis. Nonobstant cette response, lesdits Sieurs de Ville ne laissent pas de disposer l'Eglise de leur parroisse, à receuoir ce premier honneur, résolus qu'ils estoient de l'emporter, ou par priere, ou autrement.

Le troisiesme poinct à vuider fut le rang que les Peres Iesuites du College tiendroient audit Conuoy. Messieurs du Presidial iugeoient fort à propos, de les considerer en cette ceremonie comme faisans le principal corps de la procession, attendu que c'estoit eux, qui par ordre de sa Maiesté portoient le Cœur de la Reine en la personne du Pere le Mairat, & partant qu'ils deuoient préceder

immediatement le Cœur, & marcher conjoincte-
ment auec ledit Pere Mairat, & ceux de sa compagnie, ainsi qu'il auoit esté pratiqué en cas pareil
lors de la reception du Cœur de Henry le Grand
d'heureuse memoire, cõme il faisoient apparoir par
l'ordre qui en fut deslors dressé & imprimé. A quoy
Monsieur le Curé de la Paroisse ne voulant s'a-
corder, lesdits Peres du College, apres auoir enuoié
prendre l'aduis de ceux qui venoient de Paris, se
resolurent d'atendre le Conuoy en leur Eglise, sans
s'engager au peril des confusions qu'ils preuoioient
pouuoir arriuer en la Procession ; demeurans au
reste d'accord entr'eux, que le Pere Recteur du
College receuroit à l'entrée de leur dite Eglise le
Cœur des mains dudit Pere le Mairat, & de la le
porteroit soubs la Chapelle ardente.

En fin, deliberans des moiens d'empescher le
desordre que pourroit causer la foule du menu peuple à l'entrée de l'Eglise, & conseruer les places des
Magistrats, Corps de Ville, & honnestes gens, les-
quelles ils auoient preparées à cet effet, vn Con-
seiller du Siege, lequel ce iour là deuoit en qualité de Capitaine de Ville commander vne des compagnies de gens de pié, leur donna aduis, qu'il seroit expedient de tenir la porte fermée iusques à
l'arriuée du Conuoy, & se chargea de donner le
signal par dehois lorsqu'il seroit temps de l'ouurir,
à celle fin d'euiter confusion : dessein qui reüssit
dans l'execution tout autrement qu'il n'auoit esté
projetté, par vn pur malheur, ainsi qu'il se verra en
la suite

la suite de ce Narré.

Cependant Messieurs du Siege Presidial font vne ordonnance, par laquelle ils enioignent aux habitans de la Ville & fors-bourgs, de se trouuer le iour de la ceremonie en certain lieu, chacun vne torche en main : & conuient les Ordres Religieux de la Ville, & les Curés des paroisses circonuoisines auec leur Clergé, de se rendre en l'Eglise de Sainct Thomas, pour delà aller processionnellement au deuant & à la rencontre du Cœur de la Reine. Ce qui fut executé auec tant d'affection, que plus d'vne vingtaine de Curés s'y rencontrerent auec grand nombre de Prestres, outre les Religieux & autres Ecclesiastiques de la Ville.

Le iour venu, Messieurs de la Maison de Ville choisirent le lieu du premier reposoir hors de la Ville, à l'entrée du Mail, où ils dresserent vne table couuerte d'vn riche drap mortuaire, auec vn poësle de mesme parure, qu'ils auoient empruntés de Monsieur du Puy-du-fou, Marquis de Comme-ronde ; tendirent en dueil la porte de la Ville, par où le Cœur deuoit entrer, & l'Eglise paroissialle, en laquelle ils proposoient de le faire reposer quelque temps. L'Eglise des Iesuites fut pareillement tenduë, la Chapelle ardente dressée dans le Chœur d'icelle, & grande quantité d'autres cierges dis-posés sur vne balustrade aux deux costés dudit Chœur.

Incontinent apres midy vne leste compagnie de gens de cheual de la Ville, tous vestus en noir,

partit pour aller au deuant du Cœur, lequel ils ne
rencontrerent qu'enuiron trois lieuës au delà, d'autant que le carosse auoit esté incommodé par les
mauuais chemins le iour auparauant, & contraint
de loger six lieuës au delà de ce qui auoit esté pro-
ietté. Ce fut le premier retardement de la ceremonie, qui la remist à la nuict : dont le peuple
commença à s'ennuier, murmurant contre les Iesuites du College, comme s'ils l'eussent procuré à
dessein, & auec le murmure les esprits s'eschauf-
fans, se mist en humeur de sedition, sans que personne s'esuertuast de l'appaiser. A la rencontre du
Cœur les caualiers mettent pié à terre, & font
leur harangue à genoux auec grand respect & mo-
destie : puis remontans à cheual, accompagnent le
carosse iusques au lieu du reposoir. Il s'est dit, &
a esté creu par plusieurs, que les Iesuites voulurent
faire destourner le carosse enuiron à vne demie
lieuë de la Ville, & le faire passer à la desrobbée
par vn chemin tendant à la porte S. Germain, pour
fruster tous les Corps de la Ville de leur attente.
Mais l'intention des Peres qui portoient le Cœur
ne fut iamais autre, que de suiure le grand chemin
& d'entrer par la porte des Bans, iusques là, que
sentans qu'on détournoit le carosse, ils crierent
au Cocher plusieurs fois qu'il suiuist le grand
chemin. Cette petite inuention a semblé aux ca-
lomniateurs grandement fauorable, pour rendre
les Iesuites odieux. Mais toutes personnes qui ont
du sens, ne iugeront iamais qu'vn dessein si ridicule

que celuy-là soit iamais entré en la pensée de gens
sages & de singuliere prudence, comme ceux que
le Roy auoit choisis pour conduire le Cœur de sa
Mere. Car l'affront de cette diuersion fust tombé,
non seulement sur tous les Ordres de la Ville, mais
principalement sur la memoire de la defuncte Reine
qu'on vouloit honorer, & sur la personne du Roy duquel la Maiesté estoit considerée en tout l'appareil
du Conuoy. Et au reste, quel moien y eust-il eu de
diuertir le carosse malgré cinquante hommes de
cheual, qui le conduisoient au lieu où il estoit attendu par toute la Ville?

Lesdits Peres arriués au reposoir du Mail, tes-
moignérent vouloir passer outre sans descendre,
pour n'estre point contrainčts de porter le Cœur à la
paroisse, aians receu aduis qu'on auoit fait dessein
de l'y retenir par l'espace de vingt & quatre heures,
& iusqu'à ce que le sieur Curé eust faičt toutes les
ceremonies d'vn seruice solemnel qu'il y pretendoit
faire, alleguans l'ordre & commandement du Roy,
qui estoit de rendre le Cœur en l'Eglise du College,
& non ailleurs. Ils furent ce nonobstant arrestés, &
vn des principaux Magistrats, apres leur auoir de-
mandé les ordres du Roy, lesquels ils ne pouuoient
pas representer par escrit, s'estans contentés de les
receuoir en la forme qu'il auoit pleu à sa Maiesté
les leur donner, c'est à dire de bouche, leur cria:
Descendez affronteurs, descendez Moynes, vous estes des
fols: nous scauons les ordres du Roy aussi bien que vous:
& à mesme temps commanda à vn Sergent de bais-

ser la portiere: action qui fut improuée sur l'heure
par ses confreres, & le Iuge de police respondit
ciuilement aux raisons du Pere le Mairat, sans aucune passion. Le pere le Mairat se voiant ainsi forcé
consentit donc d'aller à la paroisse, mais à condition que le Cœur de la Reine n'y seroit point retenu:
ce qui luy fut promis solénellemér par ces Messieurs.
Mais on contesta pour Monsieur le Curé le rang,
l'estole, & l'honneur de porter le Cœur iusques à ladite paroisse, lequel il pretendoit luy appartenir de
droict. A quoy ledit Pere tint ferme, disant, qu'autre que luy n'y mettroit la main, suivant ce qu'il
auoit escrit auparauāt au Pere Recteur de la Fleche,
*que, puisque le Roy faisoit l'honneur à nostre Compagnie de
la députer en chef pour porter ledit Cœur, il ne le cederoit
à personne, ains le porteroit iusques dans l'Eglise du College
Royal, suiuant le commandement qu'il en auoit.* Ce con-
traste dura si long temps, que quelques mutins, impatiens du retardement, crioient desia qu'il failloit
ietter ces Peres dans la riuiere, sans tant disputer.
Autres leur disoient des iniures à qui mieux mieux.
En fin ledit sieur Curé perdant esperance de rien
emporter sur l'esprit dudit Pere le Mairat, Monsieur
l'Abbé du Loroux, iadis Abbé de Foix, personnage de grande sagesse, qui estoit venu de son Abbaie pour rendre les derniers honneurs à la defuncte
Reine, de laquelle il auoit esté Aumosnier, proposa
vne voie d'accord; qui fut, qu'en cette qualité d'Aumosnier de la defuncte Reine il prendroit l'estole,
Monsieur le Curé demeurant cependant en chappe

auec les autres Ecclesiastiques; & que les Peres ve-
nus de Paris se tiendroient prés du Pere le Mairat,
vne partie soubs le poësle, l'autre partie au deuant,
representans en cest ordre, le Corps des Peres du
College, qui ne pouuoient estre si promptement aduertis de cest accommodement.

Ainsi le Cœur fut porté au reposoir : & Monsieur le Maire de la Ville fit sa harangue à genoux,
Monsieur l Abbé du Loroux fit les prieres & recom-
mendation en tel cas accoustumées. Ce faict, le
Conuoy commença à marcher en bel ordre : et,
consideré que la defuncte Reine Mere auoit esté
Gouuernante de l'Aniou, on commença par les
armes, quatre compagnies d'infanterie, vne compagnie de caualerie, les bourgeois & habitans auec
leurs torches. Les Escoliers enuiron seize cens les
eussent suiuis le cierge en main, ainsi qu'ils s'y estoiët
preparés, s'il eust esté possible, l'heure estant tardiue,
d'assembler & mettre en ordre tant de ieunesse.
Suiuoient aprés les Ordres Religieux, Recollets,
Carmes, & Capucins; puis les Ecclesiastiques, pre-
sidéz par Môsieur du Loroux : & apres les Peres Iesuites de Paris, & finalement le Cœur porté par ledit
Pere Louis le Mairat, reuestu de surpellis auec l'e-
stole, estant soubs le poësle porté par les Maire &
Escheuins de la Ville, escortés du Preuost des Ma-
reschaulx & de ses Archers. Apres venoient les
Corps de Iustice, les Procureurs, Aduocats, &
Greffiers, portans chacun vn cierge allumé. Cette
compagnie conduisit le Cœur en l'Eglise paroissiale

de Sainct Thomas, où estoit preparé vn reposoir
dans le Chœur à l'imitation d'vne Chapelle ardête.
Les Prieres paracheuées, on continua de marcher
en mesme ordre vers l'Eglise du College : de laquelle la porte se trouua fermée, suiuât l'aduis cy-dessus,
duquel Messieurs de la Maison de Ville auoient esté
aduertis. Mais, comme celuy qui s'estoit chargé de
donner le signal pour l'ouurir, ne paroissoit point,
soit pour ce qu'il ne peust abborder à cause de la foule du peuple, ou autrement, il arriua par malheur
que toute la procession attendit vn long temps (non
pas vne heure, comme on a voulu dire) dans la rüe,
tandis que d'autre costé les Iesuites du College se
tenoient dans l'Eglise rangés des deux costés en forme de station, reuestus de surpellis, le cierge en
main, tous les luminaires allumés dés long temps,
attendans auec impatience de receuoir auec tout
honneur ce precieux gage, conduit auec tant de
solennité par tous les Ordres de la Ville.

En fin, la porte ouuerte, la Procession estant entrée, le Pere le Mairat mettant le pié dans l'Eglise,
le Pere Recteur du College s'auáce auec la croix &
l'eau beniste, aiant à ses costés deux autres Peres de-
putés pour l'assister en cette ceremonie ; se presente
pour receuoir le Cœur auec tel honneur qu'il appartenoit, ainsi qu'il auoit esté conuenu entre luy & ledit
Pere le Mairat, & aduise doulcement Messieurs de
la Ville, quil ne fissent pas entrer le poësle en l'E-
glise. Eux se croyans mesprisés par cest aduis, & ja
aigris de la longue attente à la porte, poussent brus-

quement, & leuans trop hault le poësle , l'accro-
chent & l'embarrassent auec le dessus de la porte.
Ce que voyant vn des autres Peres, leurs crie qu'ils
le baissassent, de peur de le rompre. Eux continuans
de pousser, vn autre Pere porte la main à vne des
pantes du poësle, pour obliger ceux qui le portoient
de le baisser. Ainsi il arriue, que l'vn retenant, & les
autres auançans, la pante & la frange se trouue-
rent quelque peu descousuës, & quelques ribans
rompus.   Ceux qui ne cherchoient que sujet de
querelle, s'escrierent que le poësle estoit deschiré;
&, sans considerer dauantage comme il en alloit,
Monsieur le Maire s'emporta à crier par plusieurs
fois qu'il s'en plaindroit au Roy , presentant les
poings au visage dudit Recteur : lequel, sãs s'esmou-
uoir, luy demanda ce qu'il vouloit, faire , & dequoy
il se plaignoit.   Le menu menu peuple entendant
la clameur de leur Chef, fit incontinent vne grande
rumeur : &, les vns crians que l'on rompoit le poësle,
les autres que l'on desroboït le Cœur de la Reine,
on se jette sur ces pauures Religieux, on leur porte
le pistolet à la gorge, on deschire leurs surpellis, on
les pousse, on en foüille quelques-vns honteusemẽt,
leur imputant d'auoir caché le Cœur en leurs chaus-
ses, on les frappe à coups de poing, on les outrage
d'iniures : en quoy se firent remarquer particuliere-
ment quelques personnes qui tenoient rang, au lieu
d'interposer leur prudence & autorité pour appaiser
le tumulte, & empescher les violences.   Cependant
les autres s'escrioient en la rüe , que l'on tuoit les

habitans dans l'Eglise, dont plufieurs y entrerent auec leurs armes, picques & moufquets. Et, fi vn Capitaine, mieux aduifé que les autres, n'euft mis la picque au trauers de la porte, menaçant le premier qui entreroit, il euft efté refpandu beaucoup de fang veu la furie du peuple efchauffé & armé.

Dans ce tumulte, le Cœur eftant arriué aupres de la Chapelle ardente, & ledit Recteur du College voulant le receuoir en ceft endroict, pour n'auoir peu le faire à l'entrée de l'Eglife, Monfieur le Curé, qui auoit repris l'eftole en la rüe, & eftoit entré en l'Eglife foubs le poëfle, s'ingera de luy vouloir obftinément donner le premier de l'eau benifte: entreprife qui n'eftoit ny ciuile, ny raifonnable, ce deuoir appartenant à celuy qui faifoit la ceremonie de reception, & eftoit chef de la Maifon en laquelle elle fe faifoit; Maifon au refte priuilegiée & exépte, en laquelle ledit Curé n'a droict de faire aucune fonction. Neant-moins le Recteur, defirant éuiter le fcandale qui pouuoit arriuer de la conteftation, par modeftie religieufe ceda à l'opiniaftreté dudit fieur Curé, & le laiffa faire, comme s'il euft efté en fa paroiffe à receuoir le corps d'vn de fes paroiffiens. Alors le Pere le Mairat commençant à parler, prefenta de la part de fa Majefté au College Royal, & à fon Eglife, le Cœur qu'il tenoit entre fes mains, & affeuroit eftre le vray Cœur de la defuncte Reine Mere, l'aiant veu luy mefme tirer du coffre, où eftoit le corps, ainfi qu'il auoit efté apporté de Cologne. Le Pere Recteur le prenant auec vn grand refpect,
reprefent:

representa briefuement les reffentimens que tous
leurs cœurs auoient à la veuë du plus augufte Cœur
de la Chreftienté, apres celuy de l'incomparable
Monarque Henry le Grand, fon tres honoré Seigneur & mary, & la reconnoiffance des faueurs
que le Roy continuoit de faire à fon College
Royal, & à toute leur Compagnie; & qu'il ne
manqueroit pas de le mettre au lieu de fon dernier
repos, bien qu'à proprement parler il n'y en euft
aucun plus conuenable que leurs propres cœurs,
toufiours ardens à honorer fa glorieufe memoire,
& à feruir le Roy qu'elle a donné à la France, le
plus grand, le plus glorieux, & le plus victorieux
Monarque de la terre. Cela dit, il porte le Cœur
dans la Chapelle ardente, le pofe fur vn carreau
de velours noir à ce preparé, & le couure d'vne
couronne Royale, tandis que la Mufique chantoit
le, *De profundis*, & autres prieres

Le lendemain matin tous les Peres du College
fe rendent à l'Eglife en furpellis, & difent l'Office
des Morts, fuiui de la Meffe folennelle, chantée
par Monfieur l'Abbé du Loroux, & de la harangue
funebre prononcée par le Pere le Mercier, predi-
cateur ordinaire en ladite Eglife: auquel feruice
& harangue funebre aucun des Corps de la Ville
n'affifta, bien qu'ils euffent auparauant promis de
le faire; ains furent inuités d'aller en la paroiffe,
où fe chanta vne grande Meffe pour le repos de
l'ame de la defuncte Reine, par ledit fieur Curé.

Apres midy l'aumofne generale de pain &

d'argent se fit à tous les pauures qui se presenterent
dans la basse-court du College des pensionnaires.
A mesme temps fut tenue vne assemblée des trois
Corps de la Ville : en laquelle quelques particuliers
furent grandement blasmés, d'auoir assisté le matin
au seruice qui s'estoit faict au College. Là il fut mis
en auant de faire serment de ne iamais mettre le
pié chés les Iesuites: & quelqu'vn proposa de faire
defences à tous les habitans de se trouuer doret-en
auant en la Congregation de Nostre Dame Ce que
aiant esté reietté pour lors, on n'a pas laissé depuis
d'aller par les maisons prier les plus honorables de
ne s'y plus trouuer : à quoy chascun a respondu,
suiuant sa deuotion enuers Dieu & la Vierge.
Qnoy que ce soit, il fut en fin conclud en ceste
assemblée, de faire vn procés verbal de ce qui s'e-
stoit passé dans la ceremonie, pour seruir de preuention à celuy que pourroient faire les Iesuites: à quoy
ils ne pensoient nullement, mais bien à faire rendre les derniers honneurs scholastiques à la glorieu-
se memoire des deux Cœurs vnis de Henry le Grand
& de la Reine Mere. Ce qui se fit le reste de la
semaine en trois actions funebres tres-bien compo-
sées, & representées sur le theatre par la fleur de
leur ieunesse : ausquelles actions Messieurs de la
Ville n'assisterent non plus qu'au sermon & ceremonies de l'Eglise.

Le Mercredy ensuiuant quinziesme du mois
d'Avril, la mesme assemblée des notables (ainsi
l'ont ils iustement appellée, non pas assemblée de

Ville) se tint pour lire & signer le procés verbal,
composé par vn Aduocat du Siege, c'est à dire par
vne partie, non pas par vn Iuge : ce qui fut faict
par ceux qui y voulurent assister, plusieurs n'aians
voulu s'y trouuer, pour n'en approuer ny le procedé, ny le discours. De ce procés verbal coppies
ont esté enuoiées de tous costés, pour preuenir les
esprits, & donner aux Iesuites le tort des passions
& imprudences d'autruy. Il est à esperer que Dieu
protegera la cause des innocens, & que plusieurs, qui
se sont laissé surprendre & emporter à la mal-veil-
lance de quelques particuliers, recognoistront qu'on
les a trompez soubs pretexte, & faict signer des
faicts, lesquels eux mesmes aduoüeront n'estre pas
veritables. La passion de quelques-vns, qui soubs le
nom du public vouloient se venger des Iesuites, a si
chauldement precipité cest affaire, que plusieurs se
fians trop bonnement en la foy d'autruy, ont donné
leurs sings sans entendre la lecture du procés verbal,
ny scauoir ce qu'il portoit. Ainsi les gens de bien,
par trop de respect, ont en quelque façon presté la
main à l'oppression des innocens. Plus preuoians
ont esté ceux, qui sentans bien le mauuais dessein de
ceux qui agissoient, ont refusé de se trouuer à ceste
assemblée. Nous donnerons icy l'esclarcissemét de
quelques-vns desdits faicts, pour faire iuger de la
piece par son eschantillon, & dessiller les yeux à
ceux qui n'ont pas mauuaise volonté. I'entens
que la plus part de ceux qui ont trempé en ceste
menée se trouuent confus & honteux, de voir

aujourd'huy leurs calomnies conuaincues & condā-
dānées par la cognoiſſance publique de ceux du païs,
Si ceux là vouloient ſatis-faire à leur conſcience, en
reparant le dommage qu'ils ont faict à l'honneur
d'autruy, & le ſcandale qu'ils ont cauſé, par vne vo-
lontaire palinodie, ainſi qu'ils y ſont obligez par
les loix de la iuſtice Chreſtienne, nous ne ſerions
pas en peine de publier ceſt eſcrit. C'eſt à eux
à y penſer.

Ce procés verbal porte premierement : *Les Ieſuites dudit College, de l'aduis deſquels l'ordre qui a eſté
tenu en la ceremonie auoit eſté deliberé & arreſté, ne ſe
contentans pas de tenir pour leur rang la droicte ou la
gauſche, à leur choix, du ſieur Hamelin Curé de ladite
paroiſſe de Sainct Thomas, Aumoſnier Chapellain de ladite defuncte Reine, & des autres Curez & Preſtres ſecu-
liers, & voulans marcher en corps immediatement apres
le Cœur, au preiudice meſme du Sieur Abbé de Foix &
du Loroux, auquel ledit Sieur Curé auoit deferé l'eſtole, &c.*
On dit communement, En la queuë le venin : mais
le ſerpent monſtre icy qu'il a le venin auſſi bien
en la teſte qu'a la queuë. Car ce premier texte eſt
tout plain de malignité: nous ne pouuons pas parler plus doulcement en vne affaire de ceſte importance. La malignité conſiſte en ce que l'autheur
du verbal confond les temps & l'ordre des choſes,
pour compoſer vn crime contre les Ieſuites, & faire
voir ce qui n'eſt pas. Voicy comme l'affaire s'eſt
paſſée.

Quand on commença à traicter de la ceremonie

de la reception, le Curé eſtoit abſent. Il fut lors
arreſté entre Meſſieurs de la Ville & les Ieſuites,
que leſdits Ieſuites irroient à la proceſſion joincts
& incorporez auec ceux qui apportoient le Cœur,
comme ils auoient faict en la reception du Cœur
de Henry le grand : & au moien de ce auoiét leſdits
Ieſuites conſenti de paſſer par l'Egliſe S. Thomas,
& y poſer le Cœur de la Reine, Meſſieurs du Preſidial & de la Ville deſirans d'eux ce contentement.
Mais le Samedy precedent le Dimanche de la ceremonie, ledit Sieur Curé eſtant reuenu de Baugé,
renuerſa tout ceſt ordre, pour s'attribuer des honneurs qui ne luy conuiennent pas. Car il s'ffermit
à vouloir tenir rang pres du Cœur, & partager auec
les Ieſuites vn coſté de la proceſſion, comme s'il
euſt eu droict d'entrer en leur Corps ; qui euſt eſté
arare in boue & aſino. Les Ieſuites dirent, qu'ils
auoient la raiſon, & la bien-ſeance, & la poſſeſſion,
& le iugement de Meſſieurs du Preſidial pour eux :
qu'ils ne commettroient iamais ceſte faulte, de ſe
deſmembrer & ſeparer d'auec leurs Peres en vne
action de telle conſequence, dans laquelle ils eſtoient obligez de paroiſtre vnis, & faire auec corref-
pondáce mutuelle les ceremonies de la preſentation
& reception du Cœur de ceſte grande Reine. Ledit
Sieur Curé ne voulant ceder, ny à la raiſon, ny à la
poſſeſſion, ny au prejugé de Meſſieurs du Preſidial, & s'opiniaſtrant de vouloir emporter de haulte
luicte le rang deu à vn Corps religieux, non pas à
vn ſeculier, les Ieſuites declarérent qu'ils aimoient

mieux se tenir en leur Eglise, prests d'y receuoir le don qu'il plaisoit à sa Majesté leur faire, que d'aller à la procession auec desordre & confusion ; aians à apprehender de moment à moment nouueaux troubles de la part dudit Sieur Curé, qui a tousiours quelque chose à remuer. Voila la verité du faict. Le verbaliste neant-moins à tissu son narré de tel artifice, pour jetter la honte sur le front des Iesuites, comme s'ils s'estoient desdits d'vne chose consentie & arrestée, qu'a l'entendre il sembleroit que l'ordre du meslange pretendu par le Sieur Curé auroit esté deliberé & arresté de leur aduis : ce qui n'est pas. Car ils auoient esté d'aduis d'aller en corps auec leurs Peres de Paris : mais non pas de se partager auec ledit Curé & autres Prestres seculiers. Et ainsi le verbaliste parle contre la verité, quand il dit, que *l'ordre deliberé & arresté auec eux à esté tenu en la procession* : d'autant que les Iesuites n'ont point assisté ny tenu rang à la procession.

Il y a encores de la malignité en ce qu'il escrit, *que les Iesuites ont pretendu rang au preiudice de Monsieur l'Abbé de Foix & du Loroux, auquel ledit Sieur Curé auoit deferé l'estole.* Car lors que le premier ordre fut deliberé & arresté, ledit Sieur Abbé n'estoit pas encores en Ville : comment pouuoient donc les Iesuites deslors pretendre rang à son preiudice, ne pouuans pas deuiner qu'il deust venir à la ceremonie, & luy ne leur aiant point faict intimer qu'il voulust tenir vn tel rang en la procession, y porter l'estole, & y presider le Clergé ? Quant au second ordre pretendu & contesté par ledit Curé, les Iesuites demandans le rang qui leur appartenoit, ne faisoient rien au preiudice dudit Sieur Abbé: pour-ce que pour lors ils ne pouuoient sçauoir si ledit Sieur tiendroit rang en la procession, ne s'y estant introduit que par accident, pour accommoder le differend né entre le Pere le Mairat porteur du Cœur de la Reine & ledit Curé, qui pretendoit luy appartenir de droict de porter ledit Cœur en son Eglise: c'est pourquoy ledit Sieur Abbé quitta de bonne heure l'estole, & se retira, voiant que tout ne tendoit qu'a brouillerie & confusion. D'autre part ledit Sieur Abbé n'a eu en aucune façon volonté de presider le Corps des Iesuites, n'estant pas Religieux, mais seulement le Corps des Prestres seculiers, & tenir la place du Sieur Curé, comme il fit en effect lors que sa charité s'y laissa obliger par l'occasion. Au reste il resmoigna bien le lendemain n'auoir pas subiect de s'offenser des Iesuites, leur aiant faict l'honneur d'officier en leur Eglise à la grande Messe du seruice de la Reine. Le verbalizeur, pour estre suffisamment autorizé à la defense des interests dudit Sieur Abbé, deuoit se garnir d'vne bonne procuration, & mieux fonder ses discours, aiant à parler pour vn personnage juste, sage, & pieux, comme est celuy au nom duquel il plaide.

Mais, pour venir au fonds de l'article, nous respondons, que les Iesuites en cest endroict demandoient de tenir le rang qui leur appartenoit

par raison, & par la nature de la ceremonie dont
estoit question : estans ceux qui par la volonté du
Roy deuoient receuoir le Cœur de la Reine sa
Mere; ceux qui seuls deuoient faire les fonctions
requises en la reception d'iceluy; seuls de condition
de se ioindre & incorporer aux Peres qui deuoient
porter le Cœur en la procession; en vn mot estás ceux
qui faisoient le principal Corps Ecclesiastique, &
dont la presence & cooperation estoit essentielle-
ment necessaire pour respondre aux intentions du
Roy, & accepter le present qui leur estoit faict de
sa part; le Sieur Curé de Sainct Thomas & autres
gens d'Eglise n'y interuenans qu'accessoirement &
par compagnie, pour rendre plus d'honneur à la
memoire de la Reine, & faire l'action plus solénelle
& plus celebre par l'accroissement du nombre, &
adionction de la qualité des personnes Ceste ceremonie n'estoit point vne ceremonie de paroisse, ny
la reception du Cœur de la Reine vne fonction de
Curé. Ce n'estoit point ny au Curé, ny aux Prestres de la paroisse de Sainct Thomas, ny à ceux appellez des paroisses circonuoisines, que le Roy
addressoit & donnoit le Cœur de sa Mere : mais
nommément aux Iesuites de son College Royal de
la Fleche, & priuatiuement à tous autres Il n'estoit
donc point seant que le Curé, ny ses Chapelains,
ou autres adioincts de la campagne, tinssent le
rang de la fonction qui ne leur appartenoit pas;
ny qu'ils marchassent en lieu, auquel se meslans
parmy les Religieux ils eussent apporté beaucoup
d'empesche-

d'empeſchement & de trouble lors qu'il euſt faillu faire les ceremonies de la reception ; attendu meſ-me qu'il ne pouuoit qu'il n'y euſt grand nombre de perſonnes imprudentes, indiſcrettes, & impor-tunes, comme la vie champeſtre en nourriſt aſſez, qui ſans conſideration ſe fuſſent iettez entre les Peres qui deuoient agir en la ceremonie, & y faire la preſſe les vns ſur les autres. Nous reſpon-dons encores, que les Ieſuites en ce cas ne deman-doient que ce qui leur auoit eſté accordé lors de la tranſlation du Cœur du feu Roy Henry le grand, & dont ils eſtoient en poſſeſſion publique : ils ne demandoient que ce que Meſſieurs du Preſidial auoient iugé leur eſtre deu en ceſte occaſion. D'autre part, il eſt vray que ledit Sieur Curé ne preſenta point aux Ieſuites le choix de la droicte ou de la gauche : mais la gauche en vn endroict plus notable, & la droicte en l'autre, retenant par ce moien tout le choix par deuers luy : qui euſt eſté vn meſlange & deſordre peu digne de la ſplendeur d'vne telle ceremonie. Le Curé s'eſt trompé en vne choſe. C'eſt, qu'il s'eſt faict croire que l'ordre de la ceremonie requeroit que luy & ſes Preſtres fuſſent preſens à la proceſſion, & que le Cœur de la Reine fuſt porté en ſa paroiſſe, pour-ce que celuy de Henry le grand y auoit eſté porté. Mais il deuoit conſidérer, que lors de la tranſlation du Cœur de Henry de grand, la proceſſion alla tout droict en l'Egliſe de Sainct Thomas, & s'y arreſta, par vne neceſſité qui n'eſt point aujourd'huy : pour

D

ce que les Iesuites pour lors n'auoient point d'E-
glife en leur College , mais feulement vne Sale du
logis du Roy, qu'ils faifoient feruir de Chapelle
pour y celebrer les Meffes : laquelle eftant petite,
n'eftoit pas capable de receuoir vne affemblée de
tous les Corps de la Ville, ny la celebrité d'vne
telle ceremonie. C'eft pourquoy on alla à la paroiffe, pour y faire auec commodité l'affemblée,
le feruice pour le Roy , & l'Oraifon funebre. Mais
aujourd'huy que les Iefuites ont vne belle grande
Eglife, fpatieufe, & bien accommodée , capable
des plus grandes ceremonies, il n'eftoit nullement
neceffaire que le Conuoy paffaft par l'Eglife Sainct
Thomas : & eftoit à propos qu'il n'y paffaft pas,
attendu que la volonté du Roy expreffe eftoit que
le Cœur ne fuft arrefté ny pofé nulle part, finon en
l'Eglife du College Royal de la Fleche, en laquelle il deuoit repofer pour toufiours ; comme
à mefme caufe fa Maiefté auoit ordonné que le
mefme Cœur ne feroit arrefté ny pofé par ceremonie en aucun lieu depuis Cologne, où la Reine
eftoit decedée , iufqu'à Sainct Denis en France.
Pour cefte caufe fa Maiefté n'auoit point voulu
qu'on fift aucun appareil pour le conduire de Paris
à la Fleche, ny qu'il fuft accompagné de Nobleffe
ou autres gens de condition ; mais conduit fimplement & fans bruit en vn carroce commun par
les Religieux, aufquels il l'auoit depofé, iufques
dans le College. Par quoy il apparoift, qu'encores
que Meffieurs de la Fleche foient grandement

loüables de s'eftre mis en tous les deuoirs du monde, pour receuoir auec des honneurs publics, & conduire auec pompe, ce Cœur Royal au lieu de fon repos : neant-moins volontiers euffent-ils mieux faict, comme bons fubjects, d'obeir à la volonté du Roy, & fe tenir ponctuellement aux ordres qu'il auoit donnez, fe faifans croire auec refpect que fa Majefté auoit de grandes raifons d'auoir ordonné ce qu'il auoit ordonné. En effect, le plus grand honneur que lefdits Sieurs de la Fleche pouuoient rendre au Roy en ceft endroict, c'eftoit d'obeir à fa volonté. Et l'equippage fimple du carroce, & la denonciation du Pere le Mairat, & la longue inftance qu'il fit, tant à Meffieurs du Prefidial qu'au Corps de Ville, de ne l'obliger point d'aller faire ceremonie contre la volonté du Roy en aucun lieu, les obligeoit de baiffer la tefte, & dire fimplement, *Puifque le Roy le veut, il le fault faire.* On void par ce difcours, que l'auteur du proces verbal a tort de vouloir rendre blafmable ledit Pere le Mairat & fes confreres d'auoir voulu paffer outre, & aller droictement au College, fe faifant en cela plus fage que le Roy & tout fon Confeil, qui l'auoient ainfi ordonné. Par ce mefme difcours on peut voir clairement, que, quand lefdits Peres de Paris n'euffent pas fuiui le grand chemin de la porte des Bans, mais celuy de Sainct Germain, pour aller droictement au College fans fe deftourner, ils n'euffent faict que ce qu'ils deuoient. Et ce pendant tout le monde, ne fachant pas comme il en alloit, s'est faict iuge contre lesd^{its} Peres, & auec autant de temerité que d'iniustice les a condamnez comme d'vn grand crime, de ce que le carroce auoit branflé pour entrer dans le chemin de la porte Sainct Germain, quoy que ces bons Religieux, obeiſſans à l'intention des habitans, aient en effect pris le chemin de la porte des Bans où toute la Ville les attendoit, & à grādes clameurs reuoqué le cocher, qui ſembloit vouloir entrer audit chemin de Sainct Germain.

Si le verbalizeur euſt bien conſideré cecy, il n'euſt pas eſté ſi peu circonſpect que d'eſcrire ce que s'enſuit. *Les Ieſuites (dit-il) firent deſſein deslors de rompre le Conuoy par des pratiques ſecrettes, enuoians à ceſt effect pluſieurs de leurs Peres à diuers temps au deuant de ceux qui apportoient le Cœur, ou pour les arreſter ſur le chemin, & les engager dans la nuict, ou pour leur faire prendre le deſtour de quelques voies extraordinaires, pour ne paſſer point au lieu où le Cœur eſtoit attendu hors la Ville, &c.* Voila bien & ſidellement verbalizé. Ceux qui ont ſigné ce procés verbal diſent qu'ils *ont eſté teſmoings oculaires* des faicts y rapportez. On leur demanderoit volontiers, de quels yeux ils ont peu penetrer au fond des cœurs des Ieſuites qui eſtoient au College, de ceux qui apportoient le Cœur, & de ceux qui alloient vers eux, pour ſcauoir & cognoiſtre oculairement qu'ils auoient deſſein de rompre le Conuoy ? Car c'eſt vne choſe qui ne ſe pouuoit pas voir des yeux corporels. Cela eſt donc parler à l'aduenture, &, au

lieu de rendre tesmoignage d'vne verité cognuë,
paier le monde en monnoie de deuineurs. Et qui
voudra adiouster foy à des gens, qui en matiere
d'affaires d'importance se meslent de deuiner? Pour
aduancer ce faict, il failloit produire de vrais tesmoings oculaires, qui deposassent de ces *pratiques
secrettes*, qui rapportassent auoir veu complotter ce
dessein, & enuoier des Peres auec charge expresse
d'en traicter l'execution auec ceux qui venoient
de Paris. Au reste, quel aduantage pouuoit venir
aux Iesuites rompant le Conuoy? Et quand *ils*
l'eussent voulu faire, quels moiens, quelles forces
auoient ils pour l'executer malgré cinquante caualiers, malgré toute vne Ville assemblée & armée?
Il faut estre raisonnables. Si les Iesuites du College enuoierent de fois à autre vers leurs Peres qui
venoient de Paris, ce fut pour communiquer auec
eux des diuerses occurrences & accidens qui se
presentoient, & en auoir leurs aduis, à fin de de-
meurer d'accord enséble de ce qu'ils auoient à faire
chascun de son costé en ceste ceremonie : principalement estans aduertis de moment à moment
de diuers desseins, remuemens, & changemens
qui se faisoient en la Ville, ausquels on ne pouuoit
pas pouruoir de remedes ou accommodemens con-
uenables, sans se communiquer. Mais les Iesuites
(dites vous) voulurent à cest effect faire destourner le carroce, pour se desrobber par vn chemin
extraordinaire. *Si* le cocher fut en quelque dis-
position de prendre le chemin de la porte Sainct

Germain, ou le seruiteur qui alloit deuant de le
luy faire prendre, comme estant le plus court &
plus droict chemin pour aller se rendre au College,
ce fut sans le consentement desdits Peres, comme
ils tesmoignerent à l'instant, le Pere Seguiran cri-
ant du dedans du carroce au cocher que suiuist le
grand chemin vers la porte des Bans : & le Pere
Berthelot, voiant que la voix du Pere Seguiran
estoit trop foible pour estre entendüe du cocher,
s'aduança hors la portiere, & d'vne voix plus forte
cria audit cocher que suiuist le grand chemin, ce
qu'il fit au mesme temps. Il y a donc en cest endroict trop de mauuaise volonté au verbalizeur, de
tourner à crime à ceux qui sont en vn carroce la
mesprise ou l'erreur d'vn cocher. Par ceste raison
les honnestes gens, qui vont ordinairement en
carroce, seroient biensouuent criminels. Quelques-
vns ont dict, que c'auoir esté vn seruiteur des Iesuites qui auoit voulu faire destourner le carroce.
Soit: l'imprudence d'vn valet, qui pense volontiers bien faire, doibt elle estre imputée à son
maistre, & le rendre coulpable? Ce qui a donné
plus de couleur à ceste calomnie a esté, qu'vn ieune
caualier par vne trop grande promptitude tira son
espée sur le seruiteur des Iesuites qui alloit (ce dit-
on) deuant le carroce, se faisant croire qu'il le
vouloit destourner, & à ceste action y eut vn grand
bruit ; & se dit encores, que plusieurs autres de
ces ieunes gens à l'exemple du premier tirerent
les espées, comme s'il y eust eu vn grand combat

à faire contre vne force égale. Si cela eſt, c'eſt vne
action de generoſité digne d'vne ieune Nobleſſe de
Ville, qui eſt vaillante quand il n'y a point d'en-
nemis. Mais au reſte la temerité d'vn ieune homme, en vne action telle que celle-là, n'eſt pas vn
juſte fondement de crime contre ceux qu'il veult
outrager, ny la temerité des autres qui ont voulu
faire comme luy, ne ſachans ce qu'ils faiſoient.

Voicy encores vne autre diuination de celuy
qui a dreſſe le procés verbal. *Enuoians à ceſt effect
(dit-il) à diuers temps au deuant de ceux qui apportoient
de Cœur, ou pour les arreſter ſur le chemin, & les engager
en la nuict, ou pour leur faire prendre le deſtour de quelques voies extraordinaires.* Voila vn oracle bien am-
bigu, *ou pour les engager en la nuict, ou pour leur faire
prendre le deſtour de quelques voies extraordinaires.*
Dites nous de grace, lequel des deux, vous qui
voiez ſi occulairement és lieux ou vous n'eſtes pas
preſent. Si ce n'eſt l'vn, ce ſera l'autre : lequel que
ce ſoit des deux, il vauldra touſiours pour mettre
les Ieſuites en haine. Et vous appellez cela verbalizer, d'interpreter les intentions d'autruy à voſtre mode, & faire valoir la temerité de voſtre eſ-
prit pour iugement, à la condemnation des innocés.
C'eſt donc ainſi que vous entendez ſatis faire à ces
belles groſſes parolles que vous auez miſes au fron-
tiſpice de voſtre procés verbal, pour obliger le
monde de vous croire comme oracle, *Nous certifions
à tous qu'il appartiendra.* Vous appellez *certifier*, dire,
ou l'vn, ou l'autre ; & expoſez la verité au hazard

d'vn , *ou*, pour donner liberté aux esprits les plus
temeraires de faire valoir celuy des deux partis qu'il
leur plaira pour veritable ? Considerez vn peu s'il
y a de la raison en vostre discours. Y a-il homme
qui ait tant soit peu de sens, qui puisse croire que
les Iesuites du College prissent plaisir à mettre leurs
Peres de Paris en la nuict, au hazard de se blesser
ou se perdre ? ou que ceux qui venoient de Paris
voulussent de gaieté de cœur se precipiter dans les
incommoditez de la nuict, auec vn gage si precieux,
à trauers des chemins mauuais comme ils estoient,
& comme ils les auoient experimentez les iours
precedans, de telle façon que cela auoit retardé
leur voiage de six lieuës en vn iour ? Y alloit-il de
leur honneur, d'entrer en Ville à la desrobbée, *sicut*
fur in nocte ? Estoit-il de leur commodité de s'engager à l'aueugle és embarras & confusions d'as-
semblées & rencontres de tous les Ordres d vne
Ville, & tumultes populaires, au mylieu des tene-
bres ? Et au reste, comment peut-on appeller *voie*
extraordinaire , vn grand chemin ordinaire, fre-
quenté par les messagers ordinaires de Paris, d'Angers, & autres, & par tous ceux qui ont affaire en
Ville du costé de la porte de Sainct Germain ? vn
chemin qui meine droict à vne des portes de la
Ville, comme vne voie publique & ordinaire? Comment peut-on appeller chemin destourné, vn chemin qui va tout droict au lieu où on veut aller,
comme ce chemin dont est question au College
des Iesuites ? Comme la colomnie ne sçait point

parler

parler en termes veritables, aussi ne sçait-elle pas
parler en termes propres, fuiant à dessein la naïueté
& la sincerité, autant qu'elle fuit la lumiere.

Ce procés verbal dit encores : *Le Cœur auec le*
poësle estant sur les marches de l'entrée, le Pere Cellot
Recteur voulut prendre le Cœur des mains dudit Pere le
Mairat, lequel luy en fit refus. Si vous ne vouliez verbalizer auec verité, vous deuiez pour le moins verbalizer auec apparence, & en telle sorte que vostre discours meritast d'estre appellé vne piece d'artifice, comme vous auez pensé faire. Mais vos
finesses sont grossieres, & vn peu rustiques, pour
vous en dire la verité.

Nous auons dit cy-dessus, qu'il estoit conuenu
entre ces deux Peres, que le Recteur receuroit le
Cœur à la porte de l'Eglise, & le porteroit au lieu
où il deuoit reposer. Vostre tumulte, & le trouble &
la confusion que vous causastes à la porte par vostre
entrée violente & impetueuse, la foulle, le pousse-
ment, le bruict, les clameurs de la sedition popu-
laire, la force que vouloient faire les gens armez
pour entrer sur les Peres & leur faire outrage, les
excés qu'on commist en leurs personnes, empes-
cherent que le Pere Mairat ne peust parler, ny
faire son present au lieu & en la forme conuenüe : si
bien que le Recteur, qui s'estoit presenté, & attendoit pour le receuoit suiuant la conuention, ne le
peut receuoir. C'est pourquoy tous deux furent
contraincts de remettre leur ceremonie en lieu
plus commode, où ils peussent estre entendus par-

lans, & faire chafcun leur fonction auec bien-feance.
Mais que l'vn ait refufé de bailler le Cœur à l'autre, c'eft chofe controuuée à plaifir. Et le faict porte auec foy conuiction manifefte du contraire. Car
à vingt pas dela, eftans arriuez en lieu plus libre &
aifé, le Pere le Mairat bailla paifiblement, fans re-
pugnance & fans difficulté, audit Recteur le prefent
que le Roy auoit commandé de luy deliurer : il
n'eftoit venu de Paris à la Fleche que pour cela,
comment euft-il penfé de le refufer à l'heure qu'il
le deuoit bailler ? Il y a donc de la malignité, de
qualifier refus vn acte de finguliere prudence du
Pere le Mairat, qui ne voulut pas faire vne ceremonie de telle importance qu'il ne fuft en lieu où
il la peuft faire auec l'honneur & bien feance qu'il
appartenoit, & auec l'édification de toute l'affemblée : eftant requis que les Magiftrats & Corps de
Ville, & tous les Ordres, entendans ce qui fe di-
foit, & voians tranquillement ce qui fe faifoit, fuffent tefmoings de fa defcharge, & du bon procedé
dicelle. C'eft de cela dequoy ces Meffieurs deuoient rendre au Roy leur procés verbal en la qualité
qu'ils procedent, s'ils euffent voulu bien faire,
apres auoir accueilli ceux qui leur venoient de la
part de fa Maiefte auec la ciuilité & l'hônefteté que
requeroit la condition de Deputez Roiaulx, & la
qualité du prefent ; & non pas, foubs nom de procés
verbal, publier vn libelle contre leur honneur, &
contre l'honneur de leurs confreres, voulant ma-
licieufement faire croire au monde qu'il y auroit

eu de la diuiſion & de la meſ-intelligence entre
ces Peres.

Mais voicy bien vne calomnie de hault relief, &
digne d'vn Auteur qui parle par cœur. *A meſme
temps (dit le procés verbal) Les Peres Cheualier &
Derienne , auec vn de leurs freres laics , ſe iettent au
poëſle, & le deſchirent.* Recours au Narré cy-deſſus,
pour ſçauoir comme l'affaire ſe paſſa. Mais au reſte,
comment eſt-ce que ces bons Peres peuuent auoir
deſchiré le poëſle, qui eſt encores à preſent ſain
& entier? Sans mentir ils ont bien mal faict leur
apprentiſſage au meſtier de Tire-laines, d'y auoir
mis la main auec vne telle violence, & ſi mauuai-
ſe volonté comme on les repreſente, & n'auoir pas
eu l'habileté de l'arracher, ou pour le moins le deſ-
chirer. Mais qu'il nous ſoit permis d'arraiſonner
ces ouuriers de procés verbaulx. Eſt-ce parler de
bonne foy, & en gens d'honneur, de vouloir faire
croire à tout le monde par vn eſcrit public qu'vn
poëſle, qui n'eſt que quelque peu deſcouſu à la
frange, & quelques ribans rompus, à eſté deſchiré
tout à faict ? & charger de ceſte violence en
qualité de crime des gens de merite , ſages, vertueux, Religieux, de la modeſtie & diſcretion deſquels on a eu longue experience par pluſieurs an-
nées à la Fleche ? des Religieux, qui n'auoient lors
penſée que d'aſſiſter & ſeruir leur Superieur en ceſte
ceremonie? La calomnie a mal choiſi ſes gens en
ce rencontre; il en failloit nommer d'autres, pour
donner apparence à ce diſcours. Mais , quand il

seroit arriué que les deux Peres nommez, en voulant faire action de charité, & empescher que le poësle ne fust rompu par la violence & impetuosité de ceux qui le portoient, les vns le prenans auec la main d'vn costé, & les autres poussans tousiours en auant, se fust deschiré, & que mesme la rupture se fust faicte entre les mains desdits Peres : est-ce à dire qu'ō deust les accuser de s'estre jettés dessus auec violence, & l'auoir rompu à dessein ? est-ce à dire qu'on deust publier leurs noms par toute la France en si mauuais termes, pour les noter d'infamie ? Mais il fault venir à la maxime de droict dont vsoit Cassius, *Cui bono?* Quel bien, quel contentement, quel profit pouuoient receuoir ces Religieux en deschirant vn poësle, qui auoit esté apporté pour faire honneur à vne ceremonie, en laquelle ils auoient si bonne part ?

Le procés verbal adiouste : *A mesme temps suruindrent plusieurs autres Iesuites, auec grand nombre de seruiteurs domestiques, tant de leur College, que du College de leurs pensionnaires, aians des bastons en la main, & sans exception de qui que ce soit frapperent & excederent les premiers qui se rencontrerent, Ecclesiastiques & autres, entre lesquels il y en a de blessez au grand scandale de tout le peuple.* Voila la finesse des mauuais garçons, qui en battant les autres crient qu'on les bat. Toutes sortes de gens ont offensé, battu & outragé les Iesuites, Maire, Magistrat, peuple, Archers : & les voicy qu'ils crient, Au meurtre, & disent que les Iesuites les ont battus, pour empes-

cher qu'ils ne se puissent plaindre d'auoir esté battus. Ce verbalizeur est bien liberal de coups de
baston, puis qu'il en donne à toutes mains mesme
là où il n'y a point de bastons, ny personne qui
puisse frapper. Parlons vn peu par raison. Si les
Iesuites se fussent tant oubliez de leur profession
que de porter des bastons en l Eglise , & frapper
sans exception tous ceux qu'ils rencontroient , y
aiant en cela vn si notable excés, vn si enorme
sacrilege,& si public , & tant de tesmoings pour
en deposer, Messieurs de la Iustice, qui ne man-
quent pas de zele à punir les crimes,& ont toute
autorité en main , n'eussent.ils pas faict de bonnes
Informations, & procedé criminellement contre
les coulpables? Ceste voie eust bien esté plus aisée,
plus specieuse , & plus aduantageuse pour rendre
les Iesuites criminels , que de faire des procés verbaulx en l'air , où il n'y a de crime que l'accusa-
tion, ny preuue que la mauuaise volonté de ceux
qui les ont dressez. S'il y eust eu vn si grand nombre de Iesuites en besongne à distribuer des baston-
nades, le bon verbalizeur , qui a bien sceu remarquer nommément les Peres Cheualier & Derienne
en vne moindre action que celle-la, n'eust pas man-
qué auec son bon esprit, & par la fidelité qu'il a à
l'interest public, de nommer par nom & par sur-
nom tous ces meurtriers, ces sacrileges, & ceux qui
auroient esté par eux frappez , comme il n'y eust
pas eu faulte de plaignans. Et neant-moins il n'en
nommé pas vn seul. Où est sa bonne memoire, &

ceste ponctualité à forger des circonstances & des particularitez pour donner couleur à ses histoires? Que ne nomme-il pour le moins ceux qu'il dit auoir esté blessez, que ne les qualifie-il, pour les rendre reconnoissables? Les forgeurs de calomnies & les menteurs parlent tousiours ainsi à couuert, de peur d'estre conuincus. Le bon Apelles eut grande raison en son tableau de la Calomnie, de luy donner pour suiuantes Dame Embusche, & Dame Fraude, qui la peignent, l'attiffent, & la fardent, pour la rendre belle, aggreable, & bien venüe. Ces deux Dames se sont mises au seruice du verbalizeur: il y paroist au fard & à la parure de son discours, principalement quand il faict dire à ceux au nom desquels il parle, *qu'ils ont esté tesmoings oculaires.* C'est la plus haulte couleur qu'il eust peu donner au visage de sa calomnie. Mais ce pendant qu'on interroge à part chascun de ces Messieurs, il n'y en aura pas vn qui l'osast aduoüer en ce poinct, ny dire qu'ils eussent veu les Iesuites ny leurs seruiteurs commettre vn tel excés. I'adiouste, que, s'il eust esté question de donner des coups, & que les Iesuites eussent eu volonté de faire battre ceux qui leur faisoient mal (chose dont il ne s'est encores trouué aucun exemple en tout leur Ordre depuis son commencement) il leur estoit bien aisé de lascher la main à leurs pensionnaires, qui estoient impatiens de voir mal-traitter leurs Maistres, & en assez bonne volonté de desmener les mains, si on les eust laissé descendre en bas. Mais les Iesuites ius-

qu'a ce iour se sont contentez du partage de souf-
frir les iniures, les calomnies, les outrages, les ve-
xations, les persecutions, les martyres : & ne s'en
est encores trouué aucun qui ait battu, frappé, ny
vsé de violence pour se venger. Ils sçauent trop
bien la leçon de leur Maistre, *sicut agnos inter lupos*:
bien d'estre mordus, deschirez, & deuorez , mais
point de mordre ny offenser les autres. Et au reste,
à quoy faire, tenir des seruiteurs des deux Colleges
(car il n'y en à pas moins en la conception du verbalizeur) pour battre les habitans de la Fleche?
Les Iesuites pouuoient-ils deuiner qu'il y auroit de
la violence? pouuoient ils deuiner qu'on les offen-
seroit à l'entrée de l'Eglise, pour tenir leurs seruiteurs attiltrez & prests à rendre la pareille, & faire
vn scandale public? y a il homme de bon sens qui
puisse s'imaginer cela? Mais, pour mettre à nud la
calomnie, les lecteurs remarqueront, s'il leur plaist,
qu'au College des Peres de la Fleche il n'y a point
de seruiteurs, mais seulement des freres Coadiu-
teurs Religieux profez, qui exercent tous les mi-
nisteres domestiques de la maison. Il ne pouuoit
donc y auoir en l'Eglise de seruiteurs de ce College : & partant le verbalizeur a imposé au public
trop peu ciuilement, de dire, *qu'il y auoit grand nom-*
bre de seruiteurs domestiques de leur College, c'est à dire,
du College des Peres. Quant au College des pensionnaires, il n'y a auiourd'huy qu'onze chambres rem-
plies : partant il n'y a qu'onze seruiteurs domestiques pour seruir les pensionnaires : car on n'en met

qu'vn à chafque chambre. Or de ces onze feruiteurs il y en auoit neuf meflez dans les compagnies de la Ville , foubs les Capitaines, pour les
groffir (dit le verbalizeur) il n'en pouuoit donc re-
fter que deux audit College pour l'heure , lefquels
il n'y a pas apparence qu'on euft laiffé fortir dehors,
eftant neceffaire qu'il en demeuraft quelques-vns
pour les feruices de la maifon. Mais nous voulons
que ces deux encores fuffent fortis : deux pouuoient-
ils faire *vn grand nombre de feruiteurs domeftiques du
College des penfionnaires*, comme dit ce verbalizeur?
Nous le prions de refpondre à cefte queftion. Voilà
quant à ce qui regarde les feruiteurs : venons aux
Iefuites. Ils eftoient foixante & dix tous en furpellis, le cierge allumé en vne main, le breuiaire
& le bonnet quarré en l'autre, rangez en haie des
deux coftez de l'Eglife, preparez à accueillir auec
toutes benedictions le Cœur de la Reine efpouze
de leur fondateur & fingulier bien-faicteur, & à
celebrer l'Office des Morts pour le repos de fon
ame. Ces armes exterieures qui paroiffoient, eftoient
les fignes de leurs armes interieures, qui eftoient les
vœux & prieres,& leurs feruentes inftances enuers
Dieu à mefme fin. Voila comme ils eftoient emba-
ftonnez ; &, la proceffion arriuée, n'eurent autre
defenfe contre les violences & outrages qu'on leur
fit, finon la patience, vertu hereditaire de leur
Compagnie, qui a faict tant de Martyrs en toutes
les parties du monde. Il y auoit quatre cens
perfonnes en hault dans les galeries de l'Eglife,
qui

qui furent libres spectateurs de tout ce qui fut disposé dans ladite Eglise auant l'arriuée du Conuoy, & de tout ce qui s'y passa depuis. Ceux-là peuuent tesmoigner si aucun Religieux parut en autre posture que de pieté & deuotion, si aucun seruiteur y porta ny verge ny baston. Les Iesuites ne sont pas en reputation d'instruire leurs seruiteurs à ce mestier de porter le baston, ny de battre le monde. Si le verbalizeur eust eu vne intention louable, & voulu fidellement verbalizer *ex veris*, il deuoit representer comme le Pere Recteur auoit, auec contenance d'vn aigneau *coram tondente se*, souffert les iniures & menaces du Maire, & comme il luy portoit le poing au visage, s'estoit contenté de dire ce que Nostre Seigneur auoit dit en pareille occasion, *quid me cædis? & præbere percutienti alteram maxillam*: comme vn Archer se voulant ietter sur luy, & le frapper, il ne s'esmeut aucunement contre luy, & ne luy dist mot: comme vn Magistrat disant force parolles iniurieuses à vn ieune Religieux, & le voulant battre, trouua vn disciple de Iesus-Christ *tanquam surdum non audientem, & mutum non aperientem os suum*: comme les vns & les autres à l'enuy faisans violence aux autres Religieux, deschirans leurs surpellis, les battans, les chargeans de mil iniures, pas vn ne fit chose qui peust tesmoigner aucun ressentiment. Est-ce là frapper, & donner des coups de baston sans exception à qui que ce soit?

F

Pour faire fin , nous prierons les lecteurs de confiderer, que le procés verbal finift là où il deuoit commencer, où à tout le moins, où il deuoit verbalizer plus exactement : qui eftoit de defcrire l'action de la reception & depofition du Cœur de la Reine en l'Eglife du College Royal de la Fleche. Car c'eftoit là le principal poinct de la ceremonie , & celuy duquel Meffieurs les Iuges, Maire, & Corps de Ville, deuoient rendre conte à fa Maiefté , pour l'informer de l'execution de fes commandemens, luy tefmoigner leur foing & fidelité aux chofes de fon feruice, & au refte laiffer à la pofterité vn monument de la gloire de leur ville. C'eftoit à cefte fin qu'ils auoient accompagné ce Cœur Roial, c'eftoit à cefte fin qu'a l'exclufion du peuple ils eftoient entrez en l'Eglife, & auoient eu leurs fieges preparez felon leurs rangs & dignitez, pour affifter à la reception en qualité, & en dreffer des actes publics, pour feruir de tiltres authentiques à l'hiftoire. Ne fçauoit dire que du mal, n'eft pas dequoy remplir affez dignement le fonds d'vn procés verbal de cefte nature, ny dequoy fatisfaire à la qualité des perfonnes qui parlent. Ils fe font attachez à l'acceffoire, & ont laiffé le principal, fans en dire vn feul mot. Cela oblige le monde de iuger de leur intention plus finiftrement qu'on ne deuroit pour leur honneur: c'eft à dire , qu'ils ont faict vn procés verbal feulement pour nuire aux Iefuites , & non pas pour s'acquitter de leur deuoir. Auſſy eſt-il vray qu'ils ne l'ont faict que par precaution, & pour preuenir les Ieſuites, qu'ils ſcauoient auoir trop de ſubiect d'enuoier leurs plaintes en Cour: mais toute leur precaution à eſté de ietter ſur autruy les reproches qui pouuoient tomber ſur eux.

FIN.